THOMAS JEFFERSON

Entre el ideal y la realidad del poder

Por Mélanie Mettra
En colaboración con Christelle Klein-Scholz
Traducido por Laura Soler Pinson

THOMAS JEFFERSON

DATOS PRINCIPALES

- **¿Nacimiento?** El 13 de abril de 1743 en el condado de Albemarle, Virginia (Estados Unidos).
- **¿Muerte?** El 4 de julio de 1826 en Monticello, Virginia (Estados Unidos).
- **¿Partido político?** Partido Demócrata-Republicano.
- **¿Fechas de las elecciones?**
  - El 17 de febrero de 1801.
  - El 5 de diciembre de 1804.
- **¿Duración del mandato?** Ocho años.
- **¿Principales aportaciones?**
  - La redacción de la Declaración de Independencia.
  - La restricción del papel del Gobierno federal.
  - La compra de la Luisiana.
  - La expedición de Lewis y Clark.

INTRODUCCIÓN

Thomas Jefferson es uno de los padres fundadores de la nación estadounidense. Es originario de Virginia y gran terrateniente, al igual que George Washington (1732-1799), con quien ocupa la secretaría de Estado entre 1789 y 1795. Este escritor y panfletista talentoso, que participa en la elaboración de la Constitución de su estado, también es conocido, sobre todo, por ser el autor principal del texto de la Declaración de Independencia.

Ocupa el cargo de vicepresidente con John Adams (1735-

1826) y accede al cargo supremo en 1801. Si bien las bases federalistas han sido establecidas por sus predecesores, Thomas Jefferson consolida las instituciones estadounidenses y les da una orientación decididamente republicana. Gracias a él, Estados Unidos compra Luisiana y, de esta manera, duplica la superficie de su territorio nacional. También impulsa el inicio de la aventura fundacional de la identidad estadounidense, la conquista del Oeste, con la gran expedición que financia y que será liderada por Meriwether Lewis (explorador y soldado estadounidense, 1774-1809) y por William Clark (explorador estadounidense, 1770-1838). Hombre de letras cultivado, que muestra interés por todo, dedica el final de su vida a la creación de la futura Universidad de Virginia.

¿SABÍAS QUE...?

Con la expresión «padres fundadores» (*Founding Fathers*) hace referencia a los cincuenta y seis firmantes de la Declaración de Independencia, entre los que se encuentran John Adams, Benjamin Franklin (filósofo, físico y hombre de Estado estadounidense, 1706-1790) y Thomas Jefferson.

BIOGRAFÍA

UNA INFANCIA PRIVILEGIADA

Retrato de Thomas Jefferson, por Mather Brown.

Thomas Jefferson nace el 13 de abril de 1743 en el condado de

Albemarle. Su padre, Peter Jefferson (1708-1757), es supervisor de plantación y plantador, comandante de una milicia local y actor de la vida política, mientras que su madre, Jane Randolph (1721-1776), proviene de una familia adinerada de Virginia. Así, Thomas Jefferson crece en un ambiente social acomodado y notable. Con tan solo 14 años, hereda la plantación de su padre después de que este fallezca en 1757.

En 1760, se matricula en el colegio William and Mary, donde recibe una educación letrada exigente, en la que se trata tanto la filosofía como las lenguas antiguas —por las que siente un cariño especial—, la literatura y las ciencias. La educación que recibe se ve muy influida por la filosofía de la Ilustración, que viene de la otra parte del Atlántico y que reafirma la omnipotencia de la razón. A partir de ahí, opta por seguir estudios de derecho y se incorpora al colegio de abogados de Virginia en 1767. Thomas Jefferson, con más aptitudes en el manejo de la pluma que en las artes oratorias, es apreciado en seguida en su entorno profesional, en particular por su visión política y social del derecho.

LA ENTRADA EN POLÍTICA

En 1772, contrae matrimonio con Martha Wayles Skelton (1748-1782), viuda e hija de un eminente jurista, y se instala con ella en una pequeña casa en medio de sus plantaciones, a la que llama Monticello. Es un apasionado de la arquitectura, por lo que él mismo elabora los planos de la casa y va ampliándola a lo largo del tiempo para convertirla en una gran morada inspirada en las arquitecturas veneciana y francesa.

Fotografía de la casa de Thomas Jefferson, Monticello, tal como es en la actualidad.

Como miembro de la Cámara de los Burgueses de Virginia (la futura Asamblea General del Estado), destaca por sus posturas contra el Gobierno británico y su política colonial. Así, en 1774 redacta *Un resumen de los derechos de la América británica*, que debía servir de vademécum a los delegados de Virginia durante la reunión del Primer Congreso Continental. Se opta por no usar el panfleto, ya que es demasiado extremista, pero se distribuye en Londres, en Filadelfia y en Nueva York, lo que contribuye a forjar la reputación del joven Jefferson. Gracias a esto, el Segundo Congreso Continental lo designa en 1776 para que redacte la Declaración de Independencia junto con Benjamin Franklin, John Adams, Roger Sherman (abogado y hombre de Estado estadounidense, 1721-1793) y Robert Livingston (hombre de Estado estadounidense, 1746-1813).

De izquierda a derecha, Benjamin Franklin, John Adams y Thomas Jefferson escribiendo la Declaración de Independencia de 1776, cuadro de Jean Leon Gerome Ferris.

Durante la guerra de Independencia (1775-1782), los británicos invaden Virginia mientras él es gobernador de este estado. A diferencia de George Washington, que ha destacado en el campo de batalla, a Thomas Jefferson le llueven las críticas por su falta de valentía, al huir en Charlottesville cuando está a punto de ser capturado. Vuelve a Monticello, donde redacta sus *Notas sobre Virginia*, en las que describe el territorio de su estado y sus ideas políticas, abordando en particular las cuestiones de la religión, la educación y la esclavitud. En 1783, es llamado al Congreso de la Confederación (sucesor del Segundo Congreso Continental), y allí defiende sin éxito la adopción del sistema decimal para la divisa estadounidense, pero, sobre todo, sienta las bases de la Ordenanza Noroeste, ratificada en 1787. Esta reconoce a las tribus indias como naciones con las que se puede fijar acuerdos para negociar territorios y establece las condiciones para obtener el estatus de estado.

En 1785, Thomas Jefferson es nombrado embajador en Francia, con lo que sucede en el cargo a Benjamin Franklin. Admira la cultura francesa y contempla de cerca los inicios de la Revolución (1789), que le sirven de inspiración para establecer una rica correspondencia con su amigo James Madison (futuro presidente de Estados Unidos, 1751-1836). Aprueba la Constitución estadounidense, firmada en 1787, mientras apoya a la vez la necesidad de enmiendas fundamentales para la protección de las libertades.

Cuando George Washington sale elegido primer presidente de Estados Unidos, Jefferson es nombrado secretario de Estado. Aunque goza de la máxima confianza del presidente, se ve perturbado con frecuencia cuando tiene que definir sus posturas —como, por ejemplo, el apoyo a Francia y la desconfianza hacia Inglaterra, e incluso la orientación económica del país— por el apoyo que George Washington brinda a su secretario del Tesoro, Alexander Hamilton (1755-1804). Thomas Jefferson, que se opone a la ideología «federalista» de este último, sienta las bases del futuro Partido Demócrata-Republicano.

LAS ELECCIONES PRESIDENCIALES

Thomas Jefferson pierde las elecciones que transcurren tras el mandato de George Washington y que colocan a la cabeza del país a John Adams, a quien sustituye en la vicepresidencia hasta 1801. No obstante, las relaciones entre los dos hombres son tumultuosas, ya que, con frecuencia, Jefferson muestra su desacuerdo con las decisiones que toma el presidente, en particular acerca de las Leyes sobre Extranjeros y Sedición (1798). Durante esta época, redacta la Resolución de Kentucky, que prevé la posibilidad de que un estado considere que una ley federal va contra la Constitución. Aunque no se adopta la ley, servirá como base para el funcionamiento del Congreso durante las siguientes décadas.

Al término del mandato de John Adams, Thomas Jefferson es elegido presidente en febrero de 1801 y en noviembre de 1804. Durante ocho años, reduce los gastos de los ejércitos de tierra y de la marina, suprime los impuestos provocaron disturbios durante la presidencia de sus dos predecesores y logra reducir la deuda nacional. En 1803, compra Luisiana a Napoleón Bonaparte (emperador de los franceses, 1769-1821) y planifica con Meriwether Lewis, su asesor personal, la exploración de nuevos territorios, con lo que duplica la superficie de Estados Unidos.

En política internacional, se muestra intransigente con respecto a la neutralidad de su país en el nuevo conflicto que enfrenta a Francia y a Gran Bretaña (1793-1802).

Al final de su segundo mandato, en marzo de 1809, se niega

a volver a presentarse, siguiendo el ejemplo de George Washington, y se retira a Monticello. Allí se dedica en cuerpo y alma a su pasión por la cultura y el saber y crea la Universidad de Virginia, que se inaugura en 1819.

Fallece el 4 de julio de 1826, cincuenta años después de la proclamación de la Declaración de Independencia.

CONTEXTO POLÍTICO, SOCIAL Y ECONÓMICO

UNA POLÍTICA ECONÓMICA FEDERALISTA CRITICADA

A principios del siglo XIX, la agricultura es el sector económico dominante. Nueve de cada diez estadounidenses trabajan en explotaciones, situadas en su mayor parte en el sur del país, y en granjas familiares en los estados del centro y del norte. Por su parte, en las ciudades emergentes no vive más que uno de cada veinte estadounidenses, y la más grande, Nueva York, apenas sobrepasa los veinte mil habitantes. No obstante, esta pequeña sociedad urbana, compuesta sobre todo por negociantes, banqueros y armadores, es dinámica e influyente. Los presidentes George Washington y John Adams están al tanto de esto y muestran su apoyo a las teorías del federalista Alexander Hamilton. Según este último, Estados Unidos necesita un gobierno federal fuerte y una economía que se base en un sistema que produzca capital y que genere inversiones. Por lo tanto, esto debe pasar por un desarrollo de la industria manufacturera que transforme las materias primas. Por otra parte, para financiar los distintos puestos de responsabilidad del Gobierno federal y para pagar la deuda contraída durante la guerra de Independencia, se aplica una política impositiva a las importaciones, pero también a los productos y a su circulación dentro de los estados. También con esta perspectiva se funda en 1791 el Banco Federal de Estados Unidos que, en 1803, se convierte en la mayor empresa del país, con un capital que en su mayoría proviene del extranjero.

Sin embargo, la población no recibe con agrado las decisiones tomadas y, tras la Rebelión del Whisky en 1794 contra el impuesto sobre los alcoholes destilados, estalla una nueva revuelta en 1798-1799. La situación va a peor cuando, con el objetivo de financiar el desarrollo del ejército y de la marina en un periodo tenso con Francia, el Congreso aprueba nuevos impuestos y, entre ellos, uno sobre la propiedad, que afecta tanto a las tierras y a las viviendas como a los esclavos. Así, en Pensilvania, estado de minifundistas con muy pocos esclavos, el impuesto se nota sobre todo en la vivienda, cuyo valor se calcula según el número y el tamaño de las puertas y de las ventanas. En ese momento, la colonia alemana que cultiva las tierras situadas en el sureste del estado se alza contra los recaudadores de impuestos a iniciativa de un tasador, John Fries (1750-1818). Es arrestado junto con otros rebeldes durante la primavera de 1799 y es condenado a morir en la horca. Sin embargo, el presidente John Adams lo indulta en 1800.

En el sur, la legislación aduanera también suscita un gran descontento, puesto que aumenta los precios de los bienes manufactureros importados y conlleva las represalias de los países europeos, que reducen sus importaciones de productos agrícolas procedentes de estos estados.

LA «CUASI GUERRA» CONTRA FRANCIA

En 1793, estalla la guerra entre la República francesa e Inglaterra. En ese momento, Gran Bretaña insta a Estados Unidos a que cese sus relaciones comerciales con Francia, a pesar de la neutralidad anunciada por el gobierno de George Washington. De inmediato, los buques de la Royal Navy inspeccionan navíos estadounidenses y profieren amenazas contra sus tripulantes. Entonces, el presidente intenta solucionar la situación con un tratado que firma con Inglaterra en 1794. Esto mejora las relaciones de Estados Unidos con Gran Bretaña, pero, por otro lado, el acuerdo debilita el vínculo con Francia. En efecto, Francia considera que el acuerdo británico-estadounidense es una alianza dirigida contra ella, por lo que replica ordenando la incautación de los buques estadounidenses que transportan productos británicos. El nuevo presidente, John Adams, tendrá la inmensa responsabilidad de arreglar este asunto espinoso. Primero, lo intenta por vía diplomática, pero el francés Charles Maurice de Talleyrand-Périgord (hombre político francés, 1754-1838) se niega a recibir a los emisarios estadounidenses y reclama el pago de una compensación antes de iniciar cualquier negociación. Dado que el Gobierno estadounidense considera que se trata de un rescate, John Adams rechaza el chantaje y se dirige al Congreso para votar un presupuesto de defensa por si se produce un conflicto armado. El objetivo es reforzar la marina y la defensa de las costas y, además, constituir un ejército permanente. En 1798, también se proponen cuatro leyes, agrupadas bajo el término de «Leyes sobre Extranjeros y Sedición». La primera, que versa sobre la nacionalización, eleva de cinco a catorce los años de residencia en territorio estadounidense para la obtención de la ciudadanía. Las dos siguientes autorizan la expulsión de residentes no estadounidenses que resultan un peligro para la nación o ciudadanos de un país en guerra con Estados Unidos. La última ley, sobre la sedición, castiga cualquier escrito o documento que pueda perjudicar a la nación y a sus representantes. Estas leyes suscitan una ola de indignación en los demócratas-republicanos, que las contemplan como una vulneración de las libertades fundamentales garantizadas por las enmiendas de la Constitución.

Escena de combate entre un navío estadounidense, el USS Constellation, y un navío francés, el Insurgente, el 9 de febrero de 1799.

La situación no termina de mejorar y se multiplican los incidentes en el mar Caribe, con la captura de buques franceses y estadounidenses, lo que deja presagiar un conflicto inminente. Sin embargo, en 1799, con Napoleón como cónsul a la cabeza de Francia, las relaciones diplomáticas mejoran y, en septiembre de 1800, se firma el tratado de Mortefontaine, que pone término a esta cuasi guerra. No obstante, dejará un rastro imborrable que, sumado a los problemas económicos, derivará en la derrota de John Adams y en la victoria de Thomas Jefferson en las elecciones de 1801.

MOMENTOS CLAVE

UNA PRIMERA ELECCIÓN COMPLICADA, UNA REELECCIÓN CLARA

Desde su mandato de secretario de Estado bajo la presidencia de George Washington, Thomas Jefferson es el jefe de filas del Partido Demócrata-Republicano. Al contrario que los federalistas, liderados por Alexander Hamilton, es partidario de un Gobierno federal con unas prerrogativas limitadas y controlado por el pueblo, y esto va de la mano de una mayor independencia de los estados, con lo que se hace hincapié en las libertades individuales.

Tras el mandato de John Adams, que transmitía las ideas federalistas, existe mucho descontento, debido sobre todo a los preparativos militares de la cuasi guerra contra Francia, a las leyes sobre los extranjeros que surgen en consecuencia y también a un incremento de los impuestos. Así, John Adams, que se vuelve a presentar, no obtiene la unanimidad de la opinión pública y la campaña electoral en la que Thomas Jefferson participa resulta muy virulenta. Ambos bandos utilizan los periódicos para lanzar violentos ataques personales: mientras que Thomas Jefferson es acusado de llevar el país hacia la depravación moral, por su parte, John Adams es tratado de tirano y de imbécil.

En la primera vuelta de las votaciones, Thomas Jefferson y su candidato de la lista, Aaron Burr (1756-1836), obtienen cada uno 73 votos, es decir, 146, contra los 130 de la pareja formada por John Adams y Charles Pinckney (1757-1824).

Dado que ambos candidatos demócratas-republicanos han alcanzado el mismo número de votos, es imposible determinar quién será presidente o vicepresidente. Habrá que esperar hasta el trigésimo quinto escrutinio y al apoyo de Alexander Hamilton, que no tiene en estima a Aaron Burr, para que Thomas Jefferson sea elegido presidente.

La reelección en 1804 de Thomas Jefferson resulta mucho más fácil. Su grupo lo vuelve a nombrar y se enfrenta a Charles Pinckney, al que los federalistas eligen sin una gran convicción. La opinión pública se muestra más bien favorable a Jefferson, dado que ha logrado estabilizar la situación del país durante su primer mandato, y los ataques recíprocos entre los dos candidatos son mucho menos graves que en la primera campaña. Los grandes electores votan masivamente a Thomas Jefferson, que sale elegido con un resultado de 162 votos contra 14.

UNA POLÍTICA INTERIOR DECIDIDAMENTE ANTIFEDERALISTA

Fiel a su concepción de un gobierno poco intervencionista en la política de estados autónomos e independientes, Thomas Jefferson empieza por disminuir los gastos federales: reduce el tamaño del ejército, tanto de tierra como naval, y el número de agentes del Estado. En dos años, logra reducir la deuda una cuarta parte. También suprime todos los impuestos interiores y únicamente mantiene como fuente de financiación los derechos de aduana.

En 1802, deroga las Leyes de Extranjería y Sedición, a las que se había opuesto con firmeza, indultando a las personas encarceladas y volviendo a fijar en cinco los años de residencia para obtener la nacionalidad.

Un año más tarde, la esfera judicial se ve sacudida por el caso Marbury contra Madison, que opone a demócratas y republicanos, y que ayudará a redefinir la relación entre los poderes ejecutivo y legislativo.

En 1801, John Adams nombra juez de paz a William Marbury (1762-1835), un hombre de negocios cercano a los federalistas. En efecto, designar jueces es una de las atribuciones del presidente, que puede llevarlo a cabo a discreción. Sin embargo, este nombramiento se produce justo antes del final de su mandato con el objetivo de garantizar una presencia masiva de los miembros de su partido en el poder judicial, y no se informa de su cargo al interesado. Cuando Thomas Jefferson accede a la presidencia, pide a James Madison, su nuevo secretario de Estado, que no le entregue el acta a William Marbury, que es un contrincante político. Al enterarse este último, lleva el caso ante el Tribunal Supremo, que resuelve a favor del demandante, comunicando no solo que Marbury tiene derecho a recurrir al Tribunal, sino que, sobre todo, la forma de actuar del secretario de Estado Madison (y, en consecuencia, del propio presidente) es ilegal, y que el demandante está en su derecho de pedir una orden. Pero aunque el Judiciary Act de 1789 le da el derecho, el Tribunal considera que está actuando contra la Constitución, que no lo autoriza a juzgar el caso en primera instancia. Con este caso, el Tribunal reafirma la supremacía de la Constitución sobre cualquier ley y, de ahí en adelante, se reconoce un derecho de revisión y de control sobre la constitucionalidad de los actos administrativos y de las leyes votadas por el Congreso.

El 25 de septiembre de 1804, se ratifica la Enmienda XII a la Constitución, que modifica el escrutinio presidencial. Hasta ahora, un voto único designaba al presidente y al vicepresidente, según el orden de llegada. Sin embargo, esta disposición resultó problemática durante la elección de Thomas Jefferson, que había empatado con Aaron Burr, y los escrutinios necesarios para deshacer el empate habían generado fuertes tensiones. Para que no se reproduzca esta desagradable experiencia, la enmienda prevé que, en adelante, se efectúen dos escrutinios separados para elegir a uno y a otro.

En el ámbito económico, Thomas Jefferson también se distingue de sus predecesores federalistas al dar a su política una orientación claramente agraria. Así, defiende la expansión del territorio para desarrollar la agricultura, a la que considera la base de una sociedad sólida y moral, denunciando de esta manera la corrupción de Europa a través de la industria y del dinero.

LA CUESTIÓN DE LA ESCLAVITUD Y DEL TRATO DE LOS AMERINDIOS

Con la reflexión de Thomas Jefferson sobre la creación de un gran imperio agrícola, se refleja su postura paradójica en cuanto a la esclavitud. Ya desde la redacción de la Constitución denuncia la trata de negros, pero lo cierto es que el cultivo del tabaco y del algodón necesita una importante mano de obra. Así, en las tres propiedades que posee, el propio Thomas Jefferson contrata a casi seiscientos esclavos. Por otra parte, aunque considera que esclavizar a seres humanos y mercadear con ellos es indignante, tampoco se muestra convencido de la igualdad entre negros y blancos. Estos puntos de vista podrían dejar entrever que defiende la esclavitud, pero antes de su presidencia, interviene para que en la Constitución de Virginia figure la posibilidad de que cada propietario pueda emancipar individualmente a sus esclavos. Además, cuando su mujer fallece, funda una familia con una de sus esclavas, Sally Hemings (c. 1773-1835).

No obstante, aunque apoya la idea de la emancipación individual y prohíbe la importación de esclavos, nunca tomará una decisión clara sobre esta cuestión durante su presidencia. La ambigüedad de su postura también se traduce en su dificultad para imaginar la integración de la población negra como ciudadanos de pleno derecho. Prefiere la idea de la creación de un Estado en África donde se acoja a los esclavos liberados.

Por otra parte, reitera la orden de cerrar acuerdos justos con los indios, comprando sus tierras de forma equitativa. Pero tras la compra de Luisiana y su exploración, su expansión hacia el oeste genera fuertes tensiones y duras negociaciones. Se presenta el deseo de «civilizar» a los amerindios e integrarlos en el sistema agrícola ideado por Thomas Jefferson, pero la realidad habla más de expolio, robo y deportación de población.

LA POLÍTICA INTERNACIONAL, EL COTO PRIVADO DEL PRESIDENTE

A pesar de que Thomas Jefferson desea limitar los poderes del Gobierno federal y el derecho de revisión del Tribunal Supremo sobre algunas de sus decisiones, el presidente convierte la política internacional en su dominio privado e intenta llevar a cabo una política extranjera apartidista: tal y como habían hecho los federalistas antes que él, opta por conservar al máximo la posición de neutralidad de Estados Unidos en los conflictos que oponen a las potencias europeas para defender los intereses de su país. Pero cuando estos corren riesgo, no duda en intervenir, tal y como ocurre en el Mediterráneo entre 1801 y 1805 durante las guerras berberiscas. Con este enfrentamiento, se intenta acabar con la piratería, que debilita el comercio marítimo de Estados

Unidos y de las naciones europeas, a pesar de los distintos acuerdos firmados con el Imperio otomano. En 1801, Thomas Jefferson se niega a una nueva petición de tributo exigida por el pachá de Trípoli. Este último, como venganza, inicia las hostilidades y destruye la fragata estadounidense Philadelphia.

Entonces, el presidente de Estados Unidos decide replicar, sin pedir previamente el acuerdo del Congreso, y ordena que se bombardee Argel y Trípoli. El Congreso aprueba *a posteriori* la operación y decide mantener las tropas de la US Navy en el Mediterráneo.

LA COMPRA DE LUISIANA

La presidencia de Thomas Jefferson también se ve marcada por la compra de Luisiana, hecho que le permite duplicar la superficie de su territorio. Desde 1682, la zona pertenecía a Francia, pero con el paso del tiempo, el país tiene que ceder algunas partes a España tras el tratado de Fontainebleau de 1762 y a Gran Bretaña tras el tratado de París firmado al año siguiente. En 1800, España, sin una fuerte presencia en sus colonias americanas y temiendo las consecuencias de la llegada al poder de Napoleón Bonaparte, firma el tratado de San Ildefonso y restituye a Francia las tierras que se sitúan en la orilla izquierda del Misisipi, que había recibido unos años antes.

Thomas Jefferson desea abrir el río y el puerto de Nueva Orleans al comercio estadounidense. Además, teme la presencia de un imperio colonial francés a sus puertas y quiere obtener un territorio para materializar su sueño agrario. Por todo ello, envía en secreto a París a dos emisarios, James Monroe (hombre de Estado estadounidense, 1758-1831) y Robert Livingston, para negociar la compra de Nueva Orleans. Para su gran sorpresa, Napoleón Bonaparte le propone toda Luisiana, ya que teme que estalle un conflicto cuando ya se ha embarcado en una guerra contra Gran Bretaña en Europa. En efecto, si se produce tal situación, está casi seguro de que no podrá defender el territorio de Luisiana contra los ingleses. Por lo tanto, cederlo a Estados Unidos es una manera de protegerlo de la ambición británica. Finalmente, se cierra la operación en abril de 1803: Thomas Jefferson compra un territorio de dos millones de kilómetros cuadrados por sesenta millones de francos y una quita de la deuda. No obstante, la transacción es objeto de críticas en ambos países: mientras que en Francia algunos se niegan a renunciar a las posibilidades coloniales, en Estados Unidos, los federalistas, para los que la economía estadounidense debe basarse en la industria y en el fin de la esclavitud, ven en la compra de Luisiana el triunfo de la economía de plantación y temen las repercusiones que una transacción así pueda tener en las relaciones con Gran Bretaña, socio comercial. A esto hay que añadir el hecho de que Thomas Jefferson no consulta al Congreso antes de iniciar las negociaciones, por lo que se atribuye de nuevo una prerrogativa que no está incluida en la Constitución.

La compra de Luisiana, cuadro de Thure de Thusltrup, *c.* 1904.

LA EXPEDICIÓN LEWIS Y CLARK Y LA CONQUISTA DEL OESTE

Tras esta compra, Thomas Jefferson, gran erudito apasionado por los descubrimientos y las ciencias, pero también motivado por el deseo de expansión de la nación recién nacida, inicia en 1804 una gran expedición para descubrir el «nuevo mundo». A la cabeza del equipo de expedición (Corps of Discovery) se encuentran Meriwether Lewis y William Clark, teniente de infantería y amigo del primero, respectivamente. Tras haber preparado su aventura con la lectura de relatos de traperos y de *coureurs de bois* o comerciantes de pieles, los dos hombres inician la ruta en la primavera de 1804 desde Camp Dubois, frente a San Luis, en la desembocadura del Misuri, con un grupo de una treintena de hombres, regalos y armas para encarar los encuentros con las naciones indias.

¿SABÍAS QUE...?

Entre los miembros de la expedición, figuran un comerciante de pieles, Toussaint Charbonneau (1767-1843), de origen canadiense y de madre siux, y su pareja, una india llamada Sacajawea, de la tribu de los shoshones, capturada por los indios minitari cuando apenas tenía diez años. Esta será una garantía de paz en este grupo de hombres y una exploradora valiosa gracias a su conocimiento de las tierras, así como una intérprete y una mediadora fundamental para entrar en contacto con las tribus que encuentran. Durante la expedición,

Juntos, siguen el curso de los ríos a bordo de piraguas y, durante dos años, cruzan el continente hasta el Pacífico, pasando por el territorio que se convertirá en Misuri, Illinois y Kansas. A continuación, atraviesan por primera vez las Rocosas y se encuentran con numerosas naciones indias. La expedición, que lleva a cabo una auténtica epopeya, soporta el frío, las enfermedades, aventuras peligrosas como la ascensión a la cima Lolo (Lolo Trail) sobre la cresta del macizo Bitteroot (Idaho) o la travesía de rápidos y de cataratas vertiginosas. En el momento de cruzar las cataratas del Misuri, los exploradores se ven obligados a escalar las paredes abruptas mientras cargan con sus piraguas y su material, un episodio que recibirá el nombre de *Great Falls Portage*, «gran transporte». En diciembre de 1805, alcanzan la orilla del océano Pacífico, en la desembocadura del río Columbia (Oregón), y allí pasan el invierno hasta que en primavera inician el camino de regreso. A continuación, los dos compañeros se separan. Uno de ellos explora el río Maria, situado cerca de la frontera canadiense, y el otro, el río Yellowstone, en Montana. Se encuentran en la desembocadura de este último con el Misuri unos meses más tarde, y vuelven a San Luis en septiembre de 1806.

Durante estos dos años y medio, la expedición se ha encargado de elaborar el inventario de la flora y de la fauna de los nuevos territorios, y de dibujar nuevos mapas. A continuación, las zonas descubiertas se intercambian por las buenas o por las malas con los amerindios, se dividen en territorios delimitados por las fronteras naturales y se reparten en lotes que el Estado vende a los colonos. En cuanto se alcanza el número de habitantes previsto por la Ordenanza Noroeste (es decir, sesenta mil) y se adoptan las instituciones republicanas, los nuevos territorios pueden aspirar al estatus de estado. Thomas Jefferson sacia así su sed de conocimientos, pero, sobre todo, ve cómo va tomando forma su gran deseo político de convertir a Estados Unidos en la mayor república de mundo.

REPERCUSIONES

Thomas Jefferson, primer presidente demócrata-republicano, ha dejado su huella en muchos ámbitos. En primer lugar, intenta convertir a Estados Unidos en una república tal y como le dicta su imaginación, con un Estado federal con poderes limitados, al servicio de una sociedad moral y virtuosa, compuesta de terratenientes que sostienen una economía mayoritariamente agrícola.

No obstante, aunque limita el papel de poder central, atribuye a la función presidencial una importancia capital, llegando a transgredir a veces las reglas de la Constitución. Por otra parte, su ideal republicano lo anima en varias ocasiones a enfrentarse a sus propias convicciones, ya que desea poner en marcha los medios necesarios para que se respete el interés superior de la nación. Es llamado al orden cuando salta el caso Marbury contra Madison por un uso abusivo de su poder discrecional para nombrar a jueces y, muy a su pesar, instaura uno de los fundamentos jurídicos del Estados Unidos actual: el control que el Tribunal Supremo ejerce sobre la constitucionalidad (*judicial review*).

Asimismo, Thomas Jefferson es el presidente de las paradojas, como demuestra su actitud con respecto a la cuestión de la esclavitud. Por una parte, denuncia la trata de negros y su explotación, pero su sueño de una gran nación agraria tiene que ir acompañada de una economía que depende en gran medida de los esclavos. Además, respalda la idea de la creación de un Estado africano en el que los esclavos liberados podrían vivir libres, un proyecto que recalca una vez más los problemas que genera la integración de la población negra en la sociedad estadounidense. Este plan, que finalmente lleva a cabo la American Colonisation Society del congresista Henry Clay (hombre político estadounidense, 1777-1852), conduce en 1822 a la creación de la ciudad de Monrovia y al reconocimiento, en 1847, de la república de Liberia. Pero en territorio estadounidense, Thomas Jefferson y sus sucesores dejan la cuestión en el aire e, involuntariamente, agravan el problema con una política de expansión territorial. Esta maniobra plantea, al mismo tiempo, el dilema de recurrir a la mano de obra servil y, además, genera muchas tensiones con las poblaciones amerindias. La situación con los dos pueblos que, por otra parte, constituyen la mayoría de los habitantes de Estados Unidos sin ser ciudadanos, no dejará de agravarse hasta que cincuenta años más tarde se desencadenan la guerra de Secesión y las guerras indias.

Thomas Jefferson tiene una postura diplomática con respecto a Europa decididamente neutra, en particular durante el conflicto que enfrenta a Francia y a Gran Bretaña. Sin embargo, lejos de lograr su objetivo, sus resoluciones llevan a la crisis financiera y a la guerra. En efecto, si bien al principio de su primer mandato había logrado imponer un régimen estricto de gastos del Gobierno federal y reducir la deuda, precipitará la economía estadounidense en una crisis mayor con el Embargo Act, que conlleva la caída del comercio de importación y exportación. De hecho, para vengarse de la ley que prohíbe la entrada de los buques ingleses en los puertos estadounidenses, Gran Bretaña impone a su vez un bloqueo en Europa, obstaculizando las actividades comerciales estadounidenses con las demás naciones, y apoya a los amerindios frente a los colonos en los territorios del Oeste recién conquistados. Todas las tensiones acumuladas entre las dos naciones al final del mandato presidencial son una de las causas de la guerra que los enfrentará en 1812.

Los ideales de Thomas Jefferson en lo que respecta a la colonización de los territorios de Luisiana también se ven confrontados a una realidad más prosaica. El presidente veía en la compra de este gran territorio explorado por Meriwether Lewis y William Clark la materialización de su sueño de una gran república igualitaria de pequeños terratenientes. Sin embargo, indirectamente, se encuentra en la raíz de un importante movimiento de especulación inmobiliaria, que deja a los más modestos sin tierras que cultivar y los empuja cada vez más hacia el Oeste. Así, la presión que se ejerce sobre territorios cada vez más lejanos mantiene viva la llama de las tensiones con las naciones indias durante varias décadas. Unas naciones con las que Thomas Jefferson se había esforzado en apaciguar las relaciones.

En definitiva, Thomas Jefferson es un hombre muy complejo, que se debate entre un ideal surgido de la filosofía de la Ilustración y la realidad del poder y su ejercicio, en el que dejó su particular huella en un ejecutivo en plena elaboración.

EN RESUMEN

- Thomas Jefferson, nacido en 1743, inicia su carrera en el colegio de abogados de Virginia, en 1767.

- Muestra más aptitudes con la pluma que como orador. Es el autor principal del texto de la Declaración de Independencia, adoptado por el Congreso Continental el 4 de julio de 1776.
- En enero de 1789, George Washington, recién elegido presidente de Estados Unidos, lo nombra secretario de Estado.
- Se interesa cada vez más por la política y se convierte en el jefe de filas del Partido Demócrata-Republicano. Se muestra partidario de un Gobierno federal con unos poderes limitados y controlado por el pueblo. También desea atribuir una cierta independencia a los Estados, con lo que recalca las libertades individuales.
- Siete años más tarde, se presenta a las elecciones presidenciales, pero es derrotado por John Adams, con el que a menudo no está de acuerdo. No obstante, obtiene el puesto de vicepresidente.
- En febrero de 1801, se convierte en el tercer presidente de Estados Unidos y es reelegido cuatro años más tarde.
- Durante su mandato, consigue reducir el gasto de los ejércitos de tierra y de mar, suprimir los impuestos que han generado revueltas bajo la presidencia de sus dos predecesores y reducir la deuda nacional.
- Adopta una postura paradójica con respecto a la cuestión crucial de la esclavitud. Aunque participa activamente para limitar la trata de negros y para brindar la posibilidad a cada propietario de Virginia de emancipar a sus esclavos, lo cierto es que su sueño de un gran imperio agrícola necesita una mano de obra esclava importante.
- En 1803, desea comprar Nueva Orleans a Francia, pero Napoleón Bonaparte le propone que compre todo

Luisiana por un precio irrisorio. Esta adquisición le permite duplicar la superficie de su territorio.

- Es un apasionado de los descubrimientos, así que un año más tarde lanza una gran expedición para explorar el nuevo mundo. A la cabeza del cuerpo expedicionario se encuentra Meriwether Lewis, su asesor personal, y William Clark. Durante más de dos años, los exploradores se encargan de elaborar el inventario de la flora y de la fauna, y dibujan nuevos mapas. A continuación compran a los amerindios las zonas por las que han transitado, las dividen en territorios y las venden por lotes a colonos.
- Al final de su segundo mandato, Thomas Jefferson decide alejarse de la política y vuelve a su casa para dedicarse por completo a la creación de la Universidad de Virginia.

¡Tu opinión nos interesa!
¡Deja un comentario en la página web de tu librería en línea,
y comparte tus favoritos en las redes sociales!

PARA IR MÁS ALLÁ

FUENTES BIBLIOGRÁFICAS

- Brenda, Pierre y Thierry Lentz. 2006. *Napoléon. L'esclavage et les colonies*. París: Fayard.
- Bruce, David K. 1954. *Les présidents des USA de George Washington à Abraham Lincoln*. París: Gallimard.
- Departamento internacional de la economía estadounidense. 2012. *Esquisse de l'économie américaine*. París: Belin.
- Desbiens, Albert. 2012. *Histoire des États-Unis. Des origines à nos jours*. París: Éditions du Nouveau Monde.
- Fohlen, Claude. 1992. *Thomas Jefferson*. Nancy: Presses universitaires de Nancy.
- Kaspi, André. 1972. *La naissance des États-Unis. Révolution ou guerre d'indépendance?* París: Presses universitaires de France.
- Lagayette, Pierre. 2002. *Thomas Jefferson et l'Ouest: l'expédition de Lewis et Clark*. París: Ellipses.
- Meyer, Jean. 2009. *L'Europe et la conquête du monde, XVIe-XVIIe siècles*. París: Armand Colin.
- Miller Center, "Thomas Jefferson". Consultado el 16 de enero de 2017. http://millercenter.org/president/biography/jefferson-foreign-affairs
- Portes, Jacques. 2010. *Histoires des États-Unis. De 1776 à nos jours*. París: Armand Colin.
- The White House, "Thomas Jefferson". Consultado el 16 de enero de 2017. http://www.whitehouse.gov/about/presidents/thomasjefferson

FUENTES COMPLEMENTARIAS

- Faulkner, Harold Underwood. 1958. *Une histoire économique des États-Unis d'Amérique des origines à nos jours.* París: PUF.
- Gérard, Hugues. 2001. "La diagonale du loup: Jefferson et l'esclavage". *XVII-XVIII. Bulletin de la société d'études anglo-américaines des XVIIe et XVIIIe siècles*, n.º 52, 205-218.
- Marienstras, Élise. 2006. "L'Empire de la liberté selon Thomas Jefferson: un oxymore emblématique de la pensée nationale américaine à l'époque de l'expédition de Lewis et Clark (1804-1806)". *XVII-XVIII. Bulletin de la société d'études anglo-américaines des XVIIe et XVIIIe siècles*, n.º 63, 155-170.
- Sargent, Thomas J. 2012. "Les États-Unis naguère. L'Europe aujourd'hui". *OFCE*, n.º 126/7.

FUENTES ICONOGRÁFICAS

- Retrato de Thomas Jefferson, por Mather Brown. La imagen reproducida está libre de derechos.
- Fotografía de la casa de Thomas Jefferson, Monticello, tal como es en la actualidad. © Martin Falbisoner.
- De izquierda a derecha, Benjamin Franklin, John Adams y Thomas Jefferson escribiendo la Declaración de Independencia de 1776, cuadro de Jean Leon Gerome Ferris. La imagen reproducida está libre de derechos.
- Escena de combate entre un navío estadounidense, el USS Constellation, y un navío francés, el Insurgente, el 9 de febrero de 1799. La imagen reproducida está libre de

derechos.

- La compra de Luisiana, cuadro de Thure de Thusltrup, c. 1904.

PELÍCULAS Y DOCUMENTAL

- *Jefferson en París* Dirigida por James Ivory, con Nick Nolte, Greta Scacchi y Thandie Newton. Francia y Estados Unidos: 1995.
- *Thomas Jefferson*. Miniserie dirigida por Ken Burns, con Sam Waterston, Gwyneth Paltrow y Ossie David. Estados Unidos: 1997.
- *Lewis & Clark: Great Journey West*. Producido por National Geographic. Estados Unidos: 2002.

MUSEO

- La casa de Thomas Jefferson, Virginia, Estados Unidos.

¡APRENDER NUNCA ANTES FUE TAN RÁPIDO!

www.en50minutos.es

www.en50Minutos.es

ISBN ebook: 9782806278692

ISBN papel: 9782806293381

Depósito legal: D/2017/12603/39

Libro realizado por <u>Primento</u>, *el socio digital de los editores*